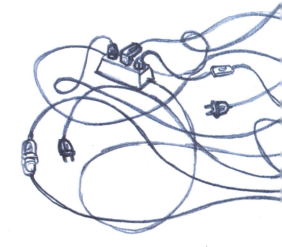

T0386989

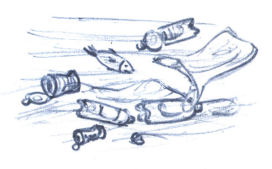

Este es también mi Mundo

¿Cómo podemos hacerlo mejor?

con ilustraciones de su autora, Gerda Raidt

Lóguez

Gerda Raidt nació en 1975, estudió diseño gráfico en Halle e ilustración en el HGB Leipzig. Desde 2004 ha trabajado como ilustradora y ha publicado varios libros de no-ficción, como *Basura* y *Este es también mi mundo*.

Este es **tu mundo** y también **mi mundo,** y algunas cosas de él no me gustan. ¿Y tú, qué opinas? ¿Debería seguir todo igual como hasta ahora? Yo creo que podríamos hacerlo mejor.

Y, a su alrededor, una grandiosa **naturaleza salvaje.**

La vida era **dura** y **austera.**

A menudo no había suficiente comida.

Tampoco disponían de electricidad ni de máquinas. Todo tenía que confeccionarse a mano o comprarse a un precio muy alto. La gente tenía algo que hacer desde que amanecía hasta que oscurecía.

Viajar era lento y agotador.

No existía una buena medicina para combatir enfermedades graves. Muchas personas no llegaban a envejecer y morían muchos niños.

Durante cientos de años, los seres humanos no hemos dejado de pensar cómo **mejorar** nuestras vidas.

Hoy la vida se ha vuelto más cómoda y segura. A muchas personas les va bien. Vivimos en la **prosperidad,** al menos en los países ricos.

La mayoría de nosotros tenemos comida suficiente.

Disponemos de electricidad, las máquinas nos facilitan el trabajo y resulta fácil encontrar cualquier tipo de producto en las tiendas.

Existe una buena medicina y hospitales para todos. Las vacunas ayudan a proteger a niños y adolescentes contra enfermedades graves. Muchas personas gozan de un estilo de vida saludable y viven durante más tiempo.

¡Un gran **progreso!**

Viajar es rápido, cómodo y, con frecuencia, económico.

Durante los últimos años, la gente ha comprado, viajado y consumido cada vez más. Y, para hacerlo posible, hemos talado, construido, excavado y ensuciado. La gran cantidad de **gases de efecto invernadero**, que generamos constantemente, se acumulan en la atmósfera y envuelven la Tierra como si fuera una bufanda. Así cada vez nuestro **clima** se vuelve más cálido.

La naturaleza está agotada. **Hemos llegado a nuestro límite.**

Pero... ¡hemos llegado a nuestro límite! No podemos seguir así. Tenemos que analizar los **problemas** y pensar cuál es la mejor forma de **resolverlos.**

Está bien. Pues resuélvalos entonces.

Pongamos como ejemplo la **leche.** Muchos alimentos se producen a partir de la leche. La mayoría de gente la compra en el supermercado, pero ¿sabemos realmente de dónde procede?

De una **granja,** naturalmente. En el envase lo pone bien claro.

La mayoría de las veces procede **de un gran establo.** Las vacas nunca salen a pastar. Puesto que la leche se vende barata en las tiendas, también se invierte poco dinero en producirla. Para ganar suficiente dinero, un productor de leche necesita muchas vacas. Pero ¿quién va a ordeñarlas a todas? En las granjas modernas, son las máquinas quienes lo hacen.

> Así es como funciona la agricultura moderna. ¡Todo un progreso! ¿Qué hay de malo en eso?

Los animales también se tiran **pedos,** y muy especialmente las vacas. Puede resultar gracioso, pero cuando lo hacen, emiten **gases de efecto invernadero** que resultan muy nocivos para nuestro clima.

Los animales también tienen que hacer frecuentemente sus necesidades y, naturalmente, las hacen en el establo. El **estiércol líquido** y los **excrementos** son llevados al campo. ¡Son un fertilizante estupendo para las plantas!

La orina de un solo cerdo puede llenar muchos cubos al cabo del año. La de miles de ellos podría llenar un lago entero. ¿Qué hay que hacer con todos estos residuos? Lo que las plantas no absorben se filtra y llega hasta las **aguas subterráneas.** El agua sucia no puede utilizarse como **agua potable.**

Desafortunadamente, las plantas contraen enfermedades más a menudo si se trata de una misma variedad y están unas al lado de las otras. Para que crezcan bien y se mantengan sanas, se vierte **abono artificial** de fábrica en el campo, además de **veneno** contra las malas hierbas, insectos y hongos.

En estos campos ya no hay lugar para hierbas y flores silvestres. Las lombrices de tierra y las abejas, las mariposas y los pájaros se van o resultan envenenados.

Un jardín requiere mucho trabajo, un **espacio verde** no tanto. No es necesario que cultives tus propios alimentos o flores, los puedes adquirir en el supermercado. Muchos jardines parecen una sala de estar ordenada. Sin embargo, los animales no los pueden habitar. ¿Dónde se supone que deberían vivir?

Los insectos se están muriendo en todo el mundo y muchas otras especies animales y vegetales están **en peligro de extinción.**

La gran cantidad de ganado que comemos necesita alimentarse todos los días. En una gran parte de los campos del mundo, no crecen alimentos para los seres humanos, sino soja, que sirve de **alimento para el ganado.**

Donde hay un campo de soja ya no puede haber un bosque. Es vital para la especie humana que haya suficientes bosques, ya que los árboles regulan nuestro clima y nos proporcionan el aire que respiramos. Pero cada vez **se talan** más bosques vírgenes para dar cabida a nuevos pastos para vacas y campos de soja. ¿Qué pasa entonces con las especies que viven en estos bosques?

Por ejemplo, la soja se cultiva en **Brasil**. La deforestación está acabando con estos hábitats.

Innumerables especies animales y vegetales **desaparecen** con los bosques para siempre. Y muchos ni siquiera han sido explorados.

Aquí no se cultivan cocos, café ni cacao para hacer chocolate. Para que podamos comer estos alimentos, se tiene que trabajar duro en las **plantaciones** de países más cálidos. Los trabajadores ganan poco dinero. A menudo las familias solo pueden subsistir si sus hijos también trabajan. Y si esos niños y niñas no asisten a la escuela, tampoco van a encontrar trabajos bien remunerados en el futuro.

Una gran cantidad del cacao que consumimos proviene de África Occidental, de Ghana.

También nos gusta comer pescado. Con la ecolocalización y las enormes **redes de arrastre** se puede obtener rápidamente una buena captura. Desafortunadamente, ocurre que otros animales también quedan atrapados en ellas sin querer y cada vez hay menos peces en el m a r.

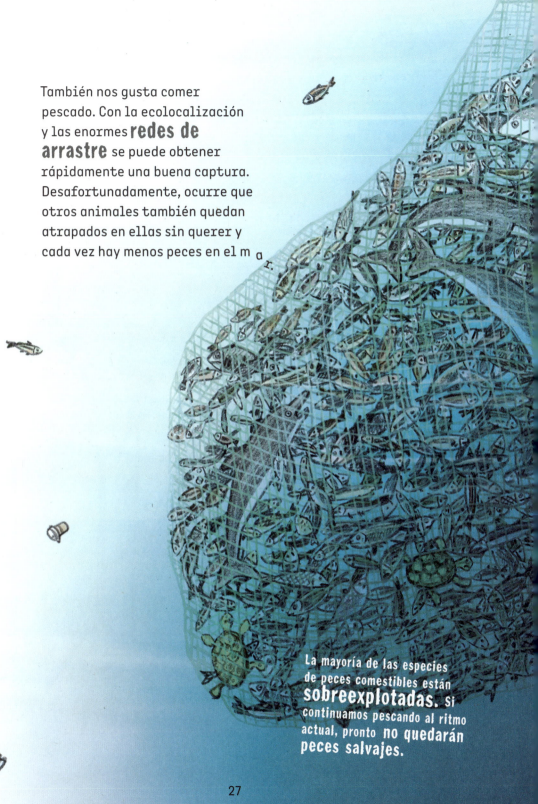

La mayoría de las especies de peces comestibles están **sobreexplotadas.** Si continuamos pescando al ritmo actual, pronto **no quedarán peces salvajes.**

Los ingredientes procedentes de todo el mundo viajan a las fábricas donde se procesan. La **comida preparada** está pensada para no tener que cocinar en casa.

Finalmente, se empaqueta en envases bonitos y coloridos y se **anuncia.** Se supone que no debemos pensar en la agricultura y en las fábricas modernas, sino en granjas idílicas, como las que aparecen en los libros ilustrados.

Pero eso es un gran engaño.

La comida que encontramos en el supermercado ha recorrido largas distancias. Al hacerlo, se libera una gran cantidad de gases de escape. **La comida que ha viajado mucho** es nociva para nuestro clima.

La mayoría de las familias solo gastan en comida una pequeña parte de su dinero. Como la comida suele ser **barata,** a menudo compramos demasiado.

La comida se estropea y **acaba en la basura.** No parece tan grave, ya que hay más en el supermercado. Pero, al hacerlo, se necesitan más campos y más ganado.

No podemos seguir así. Si no hacemos nada para impedirlo, pronto no habrá selva, ni peces, ni insectos. ¿Cómo podemos hacerlo mejor?

Tal vez la **comida del futuro** proceda de un laboratorio. De un pequeño trozo de carne, se podría genérar una masa que tenga el mismo sabor que la carne picada. Si nos alimentáramos de esta **carne cultivada,** necesitaríamos muchos menos animales de granja.

En el laboratorio se copian y se clonan seres vivos. Gracias a la **ingeniería genética,** es posible manipular el genoma de las especies para crear animales y plantas de granja nuevos, mejorarlos, que produzcan más y que estén protegidos contra el calor y las enfermedades.

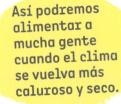

Pero... ¿Podemos hacer eso? ¿No es un poco espeluznante?

Así podremos alimentar a mucha gente cuando el clima se vuelva más caluroso y seco.

¿Y si resolvemos los problemas usando la **tecnología?** Los **drones** son capaces de detectar desde el aire aquella parte del campo que no está verde, y así los **satélites** en el espacio dirigen las máquinas agrícolas para rociar fertilizante y veneno únicamente donde se necesita. De este modo se liberan en la naturaleza muchas menos sustancias nocivas.

¿Quizás las **flores de los márgenes** del campo podrían proporcionar alimento alternativo para los insectos?

Pero también se podría cultivar sin utilizar productos nocivos. Siempre que sea posible, **los agricultores ecológicos** rechazan emplear sustancias químicas y alternan variedades distintas para que las enfermedades no se propaguen tan rápidamente. Esta diversidad permite que también crezcan hierbas silvestres y que mariposas, escarabajos, lombrices y pájaros continúen viviendo en los campos de cultivo.

La comida ecológica me resulta demasiado cara.

En una granja ecológica, el ganado dispone de más espacio en el establo y se le da alimento que crece posiblemente en la misma granja. Cada granja debería tener tantos animales como pudiera alimentar, por lo que no se necesitaría soja adicional y, además, no se generaría tanto estiércol.

¿No es realmente valiosa la comida? La alimentación es **fundamental para la vida.**

Por eso tiene que ser barata y no solo para los ricos.

Un **huerto natural** no requiere una tecnología costosa o grandes máquinas o sustancias químicas o fertilizantes artificiales. Si nos alimentáramos de las plantas que cultivamos, podríamos llegar a reducir el transporte de alimentos. La comida **típica de cada región** es beneficiosa para el medioambiente.

Se puede tener **un jardín** en los espacios más pequeños, e incluso **en la ciudad.**

Algunas empresas ofrecen productos de **comercio justo**, aunque son un poco más caros. Estas empresas pagan salarios más altos a los trabajadores de las plantaciones, y sus hijos pueden ir a la escuela.

En realidad, el chocolate y el café no son productos esenciales para la vida. Si fueran más caros, los consumiríamos **menos**.

Oiga... Eso sería ir un poco demasiado lejos.

Si **comiéramos menos carne** y **bebiéramos menos leche,** se tendría que sembrar menos alimento para el ganado. Y se necesitarían muchos menos campos. Y habría más espacio para los bosques.

Si producimos nuestros alimentos **con más cuidado, los valoramos más y los tiramos menos,** la naturaleza agotada podría llegar a recuperarse.

Cuando vamos a comprar, ¿por qué **deberíamos ser conscientes** de cuánto daño causa lo que comemos? ¿Por qué se permite la injusticia alimentaria? ¿No deberíamos combatirla y **cambiar las reglas**?

Hay quienes afirman que deberíamos **comer insectos** en lugar de carne y pescado. Se pueden cultivar fácilmente, son nutritivos y no perjudican el medioambiente. En algunos países siempre se han comido.

¿En serio esa es la solución? ¡Buen provecho entonces!

Para producir cualquier cosa, se necesitan **materias primas.** Muchas de ellas vienen de países lejanos. Se excavan de la tierra con grandes máquinas, se bombean del fondo marino o se extraen de la roca con productos químicos. A menudo la naturaleza queda devastada durante el proceso. Necesitamos **petróleo** para fabricar carburante y plástico.

Una gran cantidad de petróleo se extrae de **Arabia Saudita**, lo que ha llevado al enriquecimiento de este país

También hay petróleo bajo el **mar del Norte.**

Las materias primas de la Tierra no son renovables y algún día se agotarán. Necesitamos **metales raros** como el **coltán** para fabricar teléfonos móviles y otros dispositivos electrónicos.

Algunos países son pobres a pesar de que son ricos en materias primas. En el **Congo**, África Occidental, los metales raros se extraen laboriosamente del suelo a mano.

Hay otras materias primas que sí que vuelven a crecer, como el **algodón,** que usamos como fibra para nuestra ropa. Para obtenerlo, se bombea mucha agua al campo en regiones cálidas y secas. También se rocía con herbicidas.

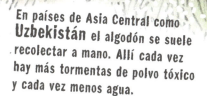

En países de Asia Central como **Uzbekistán** el algodón se suele recolectar a mano. Allí cada vez hay más tormentas de polvo tóxico y cada vez menos agua.

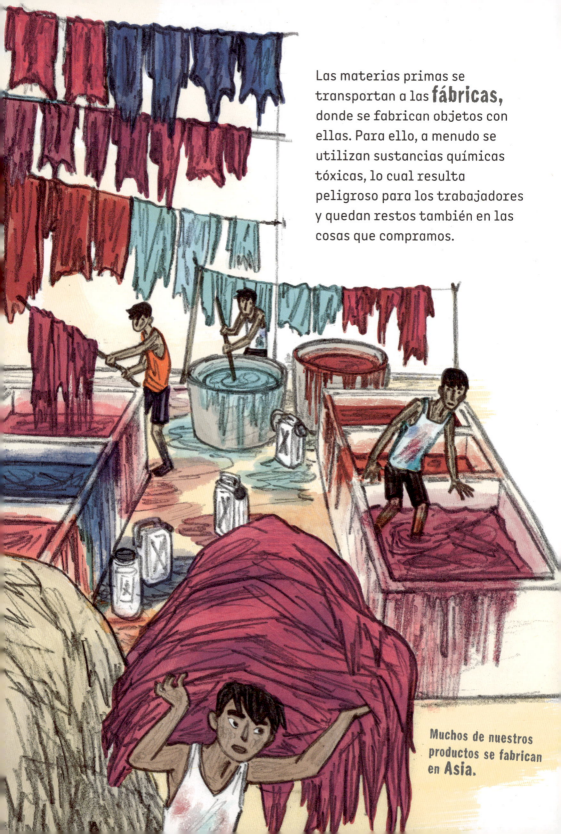

Las materias primas se transportan a las **fábricas**, donde se fabrican objetos con ellas. Para ello, a menudo se utilizan sustancias químicas tóxicas, lo cual resulta peligroso para los trabajadores y quedan restos también en las cosas que compramos.

Muchos de nuestros productos se fabrican en **Asia**.

La mano de obra más barata es una **máquina.** Trabaja a la velocidad del rayo, nunca se queja y no comete errores. No necesita cobrar, ni dormir, ni descansar. Es lógico que las máquinas realicen cada vez más trabajo.

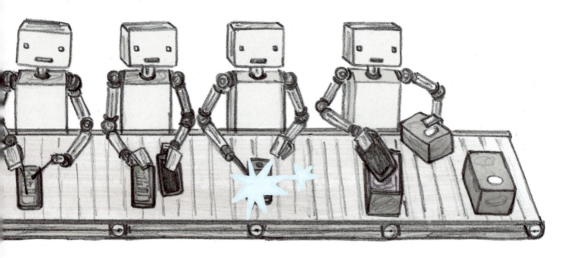

La **inteligencia artificial** está siendo investigada en todo el mundo. Las máquinas son cada vez más inteligentes. En el futuro, podrían trabajar no solo en el taller, sino también en la oficina y en la residencia de ancianos. O, quién sabe, podrían pintar, componer y escribir libros.

¡Eh!

Las fábricas generan muchísima suciedad y emiten **gases de efecto invernadero** que son nocivos para nuestro clima. En los países más pobres no suele haber leyes ambientales estrictas.

El esmog (niebla contaminante) es particularmente común en **Bangladesh, India** y **China**.

La contaminación del aire es muy severa en estos países. El aire a veces es tan nocivo que la gente debe usar mascarillas protectoras y los niños no pueden ir a la escuela.

Lo nuevo es tentador. No podemos saber con exactitud cómo se han confeccionado las prendas y si han viajado desde lejos.

Como han sido fabricadas por máquinas o mano de obra barata, suelen ser muy asequibles. Y al ser baratas, tendemos a comprar mucho. La **publicidad** está pensada para que consumamos aun más.

Vivimos en una época en la que impera la novedad, y al cabo de un tiempo todo pasa de moda. En un momento u otro, nos deshacemos de la mayoría de lo que compramos, y vamos acumulando más y más **basura.**

Pero, ¿adónde va lo que tiramos? Hay objetos que son difíciles de reciclar. Por ejemplo, los que están hechos de **plástico,** y es que este material no se llega a descomponer del todo y permanece en la naturaleza para siempre. También hay ya muchísimos desechos plásticos flotando en el mar.

¡No podemos seguir así! De lo contrario, los recursos van a agotarse pronto y el planeta estará sucio y lleno de basura. ¿Es que no podemos vivir de otro modo?

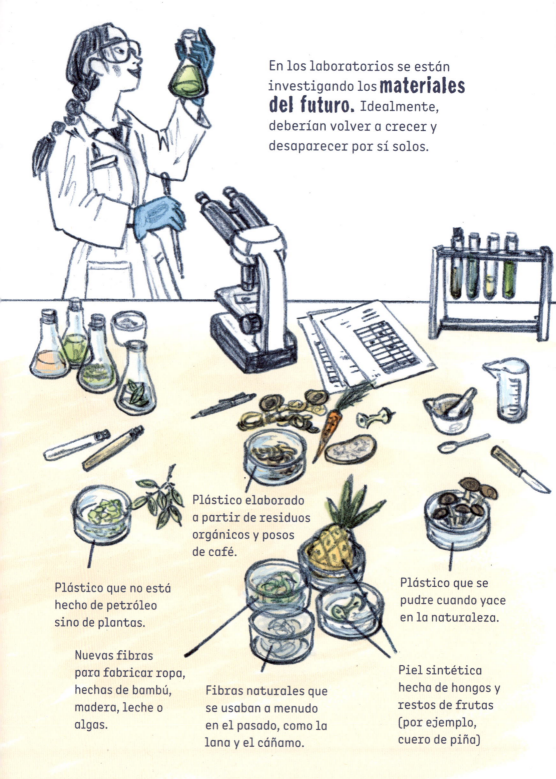

Cada vez hay más productos que hacen el menor daño posible al medioambiente. Todo debería ser **sostenible:**

Ropa **orgánica** hecha sin toxinas.

Productos **justos** donde los trabajadores ganan más dinero.

Productos **de proximidad.**

Productos **hechos a partir de desechos reciclados,** como plástico que se ha pescado en el mar.

Productos **hechos de materiales naturales.**

Desafortunadamente, todos estos productos suelen ser más caros. Y aun así cada nuevo producto daña el medioambiente, aunque solo sea un poco.

¿Realmente necesitamos comprar artículos nuevos con tanta frecuencia? Cuanto **más tiempo usamos** algo, menos se tiene que fabricar.

Es importante que cualquier objeto sea diseñado para que dure. Todo tiene que poder **repararse** y, si tiramos algo, las piezas viejas deberían **reutilizarse.** Solo así no se necesitarían nuevas materias primas y no se generarían tantos residuos.

¿Y por qué tiene que ser siempre todo nuevo? El mundo ya está lleno de cosas. Podemos encontrar casi de todo de **segunda mano.** Cualquiera que compre estos artículos usados alivia la carga sobre el medioambiente, y además suelen ser más económicos.

¿**Cuánto** necesita realmente una persona? Tener mucho no implica necesariamente ser **más feliz.** Comprar constantemente significa invertir tiempo y muchísimo dinero. Además, necesitamos tener suficiente espacio en casa, y llevar un control de lo que tenemos suele ser una tarea complicada.

Quien compra poco necesita menos dinero para vivir, por lo que no tiene que trabajar tanto y dispone de más tiempo. Tiempo para viajar, por ejemplo. Hay personas que **ponen en orden** todas sus cosas y se sienten bien al hacerlo. Algunas, en cambio, solamente poseen lo que les cabe dentro de una mochila.

Pero entonces, ¿qué será de los trabajadores?

¡Ahora fijémonos en
nuestro tráfico!
Es bueno que tomemos consciencia de ello. La movilidad de personas y mercancías es constante: en las calles, en los raíles, en el agua, en el aire...

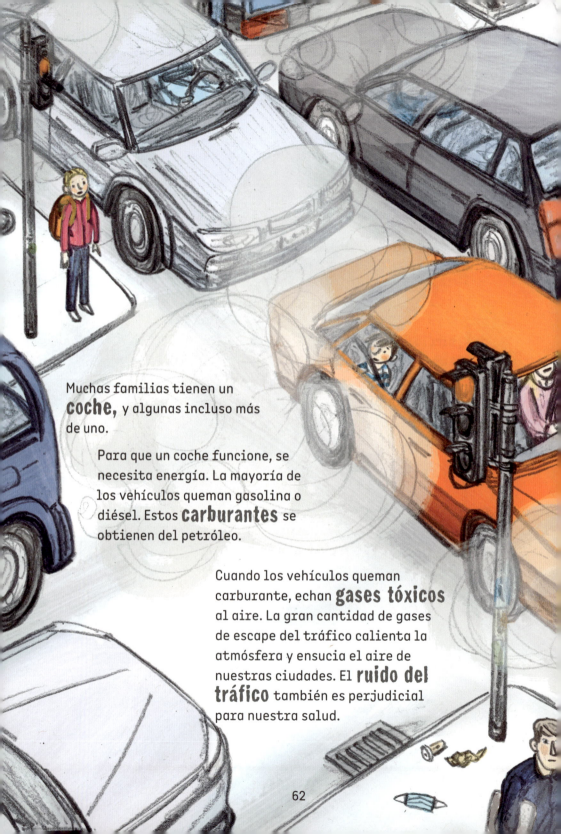

Muchas familias tienen un **coche,** y algunas incluso más de uno.

Para que un coche funcione, se necesita energía. La mayoría de los vehículos queman gasolina o diésel. Estos **carburantes** se obtienen del petróleo.

Cuando los vehículos queman carburante, echan **gases tóxicos** al aire. La gran cantidad de gases de escape del tráfico calienta la atmósfera y ensucia el aire de nuestras ciudades. El **ruido del tráfico** también es perjudicial para nuestra salud.

Los motores modernos consumen menos carburante y emiten menos gases de escape. Aunque, debido a que se compran **automóviles cada vez más grandes,** no se ahorra en carburante ni en emisiones.

En un coche caben cinco pasajeros, pero en la mayoría de ellos solo viaja **una persona.** ¡Un absoluto desperdicio de energía y carburante!

Un vehículo ocupa mucho espacio. Por lo general, se usa cada día, pero solo durante breves períodos. Hay muchísimas **plazas de aparcamiento** y, sin embargo, nunca son suficientes.

En las ciudades hay poco espacio para que los niños jueguen en las calles. ¡Y cuando lo hacen es demasiado **peligroso!**

Algunas familias se mudan **al campo.** Hay más espacio, es más tranquilo porque hay menos tráfico, y los niños pueden jugar al aire libre. Los padres se desplazan en coche **diariamente** para ir a trabajar a la ciudad, ir de compras o llevar a sus hijos a hacer deporte por la tarde.

En algunos países como Alemania, **no hay límite de velocidad** en las autopistas. Cuando conducimos a velocidades muy altas, se producen aun más emisiones dañinas para el clima.

Como cada vez hay más automóviles, se producen más **atascos.** Para descongestionar el tráfico, se construyen **nuevas carreteras,** y parte del paisaje desaparece bajo un manto de **alquitrán u hormigón.** Para ver un hermoso paisaje, tenemos que alejarnos, viajar lejos, lo que supone un incremento del tráfico y de los estacionamientos.

Muchos de nosotros **volamos** a otros países cuando nos vamos de **vacaciones.** Al hacerlo, generamos una enorme cantidad de gases de efecto invernadero, lo cual resulta muy perjudicial para el clima.

Además, todas las mercancías viajan por todo el mundo. ¡Y el tráfico no para de aumentar!

Si seguimos como hasta ahora, pronto habrá automóviles, carreteras y aeropuertos en todas partes y nuestro clima será aun más cálido. ¿Realmente es lo que queremos?

¿Y si en el futuro echamos **algo distinto en el depósito**?

Hoy en día es posible obtener combustible a partir de las plantas. Es lo que se conoce como **biocombustible.** Cada vez más campos cultivan biocombustibles en lugar de alimentos. Sin embargo, para poder abastecer tantos automóviles, aviones y barcos, necesitaríamos cambiar el uso de la tierra. Pero entonces, ¿dónde se supone que tenemos que cultivar nuestra comida?

En **Indonesia** o **Malasia** se ha talado una gran cantidad de bosques tropicales para el cultivo de aceite de palma, que se usa para fabricar biocombustibles.

Si apostamos por el **gas natural** en lugar de la gasolina, generamos menos emisiones, aunque, por otro lado, también contribuimos al calentamiento global y es un recurso finito.

Si optamos por el **hidrógeno,** lo que sale del tupo de escape es vapor de agua. El aire de las ciudades volvería a estar limpio, aunque para producir hidrógeno se necesita muchísima electricidad e implica un gran coste.

Los **coches eléctricos** funcionan con electricidad. No tienen depósito ni necesitan tubo de escape, ya que no tienen ningún tipo de combustión. No emiten gases de efecto invernadero y son más silenciosos. Se está investigando cómo se pueden fabricar baterías de gran tamaño de la forma más respetuosa posible con el medioambiente.

Pero los coches eléctricos también son grandes y pesados. Necesitan calles espaciosas y plazas de estacionamiento.

¿No podríamos evitar muchas emisiones simplemente **limitando más la velocidad** en la autopista?

¡Eh! ¿Qué pretende? ¿Fastidiarme el conducir?

Cuantos **menos automóviles** circulen, mejor para el medioambiente. En algunas ciudades se están probando los **taxis compartidos.** Estos vehículos recogen a personas que van en la misma dirección. Es más cómodo que un autobús con horarios y paradas fijas y más económico que un taxi.

Un **autobús** lleno de gente consume mucha menos energía para recorrer la misma distancia que muchos conductores individuales.

En un **tren** caben aun más personas. Para que la mayor cantidad de gente posible viaje en tren, el billete debe ser asequible, tiene que haber una amplia red de estaciones, más frecuencias de paso y la posibilidad de realizar transbordos. También se necesita una **buena conexión**.

Ir en bicicleta es silencioso, saludable y respetuoso con el medioambiente.

Algunas familias disponen de una **bicicleta de carga** que es una buena forma de transportar a los niños o de cargar compras más pesadas.

En algunas ciudades se pueden alquilar **patinetes eléctricos.** Los vehículos pequeños y ligeros son mejores que...

¡Eh! ¡Parad! ¡Sois menores de 16! ¡Y no podéis ir dos!

Ir a pie es lo más ecológico. Es gratis, no se necesita ningún vehículo y ni siquiera una superficie asfaltada. Pero a nadie le gusta caminar por carreteras ruidosas.

Pues muy fácil:
- ¡Fuera carriles y plazas de aparcamiento
- más viales para **peatones** y **bicicletas**
- y los centros de las ciudades **libres de coches!**

¿Cómo? ¡Es una locura! ¡Habrá atascos de tráfico!

¿Pero entonces dónde aparcaremos?

Caminar es lento. El avión es la forma más rápida de recorrer largas distancias. Sin embargo, cualquier persona que haya volado puede **hacer una donación.** Con este dinero, se pueden plantar miles de árboles para garantizar que los gases de efecto invernadero desaparezcan. Los bosques irán absorbiendo gradualmente aquellos gases nocivos que se generaron al viajar en avión.

¿Es necesario viajar tan lejos? Hay gente que prefiere viajar menos, o incluso no hacerlo. Cuantas **menos personas viajen en avión,** menos emisiones dañinas para el planeta produciremos.

Algunos prefieren pasar sus **vacaciones cerca** o viajar en autobús o en tren.

¡Pero mi abuela vive lejos!

Otros prefieren hacer **pequeñas escapadas,** por lo que viajan menos y permanecen más tiempo en un mismo lugar.

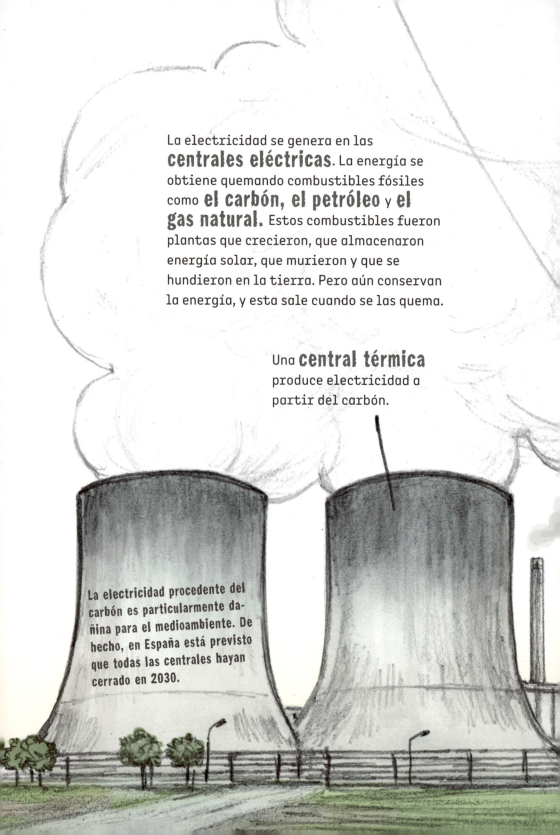

La electricidad se genera en las **centrales eléctricas**. La energía se obtiene quemando combustibles fósiles como **el carbón, el petróleo** y **el gas natural.** Estos combustibles fueron plantas que crecieron, que almacenaron energía solar, que murieron y que se hundieron en la tierra. Pero aún conservan la energía, y esta sale cuando se las quema.

Una **central térmica** produce electricidad a partir del carbón.

La electricidad procedente del carbón es particularmente dañina para el medioambiente. De hecho, en España está previsto que todas las centrales hayan cerrado en 2030.

Al **quemar combustible,** echamos suciedad y gases al aire. La suciedad no es saludable y la cantidad de gases de escape hace que la capa de calentamiento alrededor de nuestra Tierra sea cada vez más gruesa. Al usar ese tipo de electricidad para cargar las baterías de los vehículos eléctricos, en realidad, también estamos **generando emisiones.**

Además de la electricidad, también necesitamos **calor.** La mayoría de los calentadores queman gasoil o gas.

Mundialmente, estamos excavando en áreas cada vez más remotas, y quizá consigamos alargar un tiempo nuestro combustible. Pero, si seguimos como hasta ahora, algún día se acabará. Nuestro clima será tan cálido que el mundo se habrá vuelto inhabitable para los seres humanos. Pero ¿tiene que ser inevitablemente así?

Una **central nuclear** usa muy poco combustible, porque extrae grandes cantidades de energía de pequeñas partículas llamadas **átomos.** Apenas se producen gases de efecto invernadero, pero la **radiactividad** sí que produce graves enfermedades. En la central todo está bajo aparente control.

Afortunadamente, hay otras soluciones. Para no quedarnos sin energía, también podemos utilizar **energías renovables.**

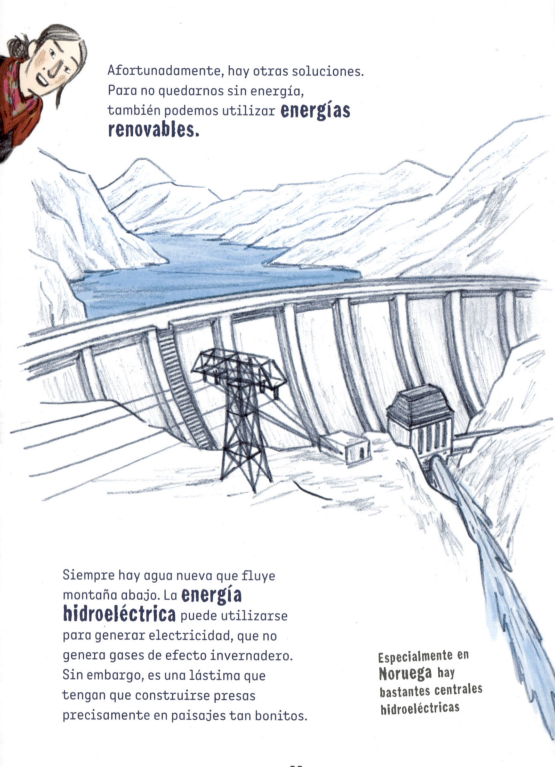

Siempre hay agua nueva que fluye montaña abajo. La **energía hidroeléctrica** puede utilizarse para generar electricidad, que no genera gases de efecto invernadero. Sin embargo, es una lástima que tengan que construirse presas precisamente en paisajes tan bonitos.

Especialmente en **Noruega** hay bastantes centrales hidroeléctricas

Las plantas vuelven a crecer. Todo lo que se pudre se puede convertir en **biogás.** Si el gas se quema, puede obtenerse energía de él. Como quiera que los agricultores reciben poco dinero por sus productos, pueden ganar un dinero extra con este tipo de electricidad. En algunas instalaciones se utiliza estiércol líquido, además de otros desechos orgánicos -**La basura se convierte en electricidad.**

Cada vez con más frecuencia y lamentablemente, se recurre a **cultivos energéticos** y por desgracia ahora hay demasiados. Por eso, ahora hay campos de maíz por todas partes y se necesita una gran cantidad de herbicidas.

En las profundidades de la Tierra hace mucho calor. Si perforamos un agujero y bombeamos agua fría, obtendremos agua caliente. Este sistema se puede utilizar para calentar muchos hogares. La **energía geotérmica** es tan abundante que no se puede agotar. Solamente se necesita un poco de energía para alimentar la bomba.

Incluso la luz del sol puede transformarse en electricidad. La **energía solar** no produce emisiones y no se agota. Los **paneles solares** nos traen la energía hasta el enchufe, y si sobra electricidad va a la red eléctrica.

Por ejemplo, en el **norte de Alemania** el viento sopla muy fuerte.

Si tuviéramos que reemplazar todos nuestros vehículos por otros eléctricos que usaran electricidad verde, tendríamos que instalar muchísimas más turbinas eólicas. Y, desafortunadamente, consumiríamos **bastante electricidad.** Pero ¿a dónde va toda esa energía?

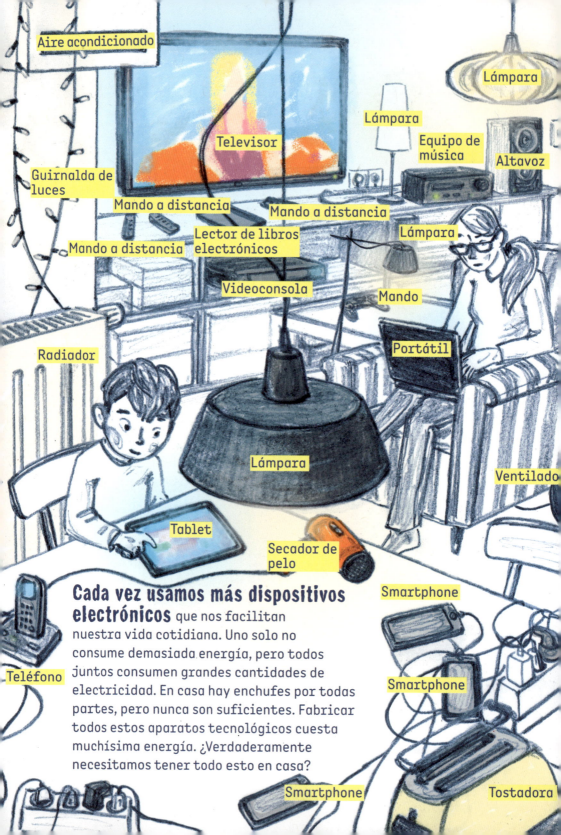

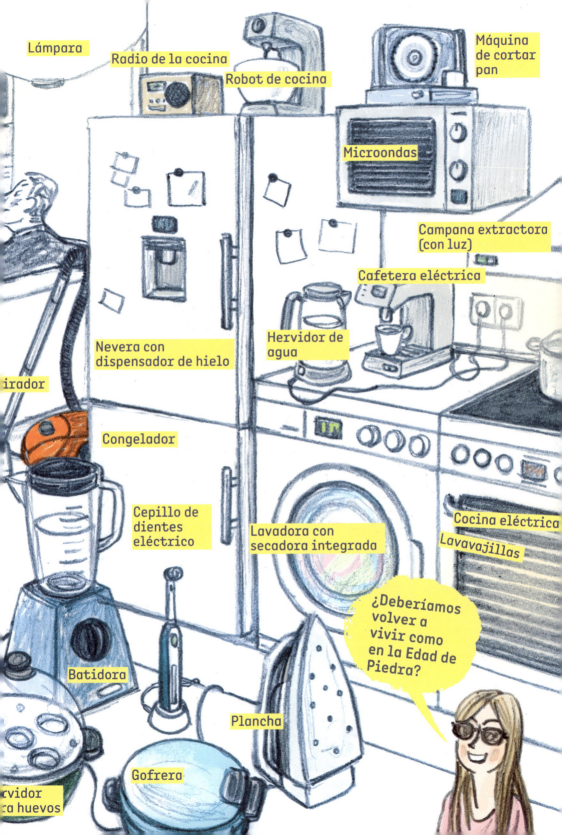

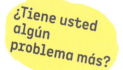

¿Tiene usted algún problema más?

Ahora fijémonos en nosotros, **las personas.**
Ya somos bastantes y cada vez somos más. Todos necesitamos comer, desplazarnos y utilizamos energía. Cada año se va incrementando el consumo de recursos y ya no podemos seguir como hasta ahora. ¿El mundo está ya **superpoblado**? ¿Deberían nacer **menos niños** en el futuro?

En los países más pobres hay **muchos niños,** pero, al ser pobres, apenas consumen recursos.

En los países ricos hay menos niños pero, al ser su esperanza de vida más larga, **contaminan más.**

No es una cuestión fácil. ¿Hay que limitar el número de hijos? ¿Y entonces nadie debe vivir con prosperidad? ¿Tenemos que vivir de **otra manera** ahora para que haya suficiente para todos en el futuro?

Y ahora... ¿qué hacemos? ¿Qué es realmente **importante** y de qué podemos **prescindir?**

¿Prescindir? No es necesario. La tecnología nos salvará.

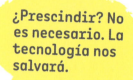

¡Construyamos coches voladores y ya no habrá más atascos!

Es fácil: construyamos aun mejores máquinas.

Soplemos una gran cantidad de polvo en el aire como una sombrilla para la Tierra.

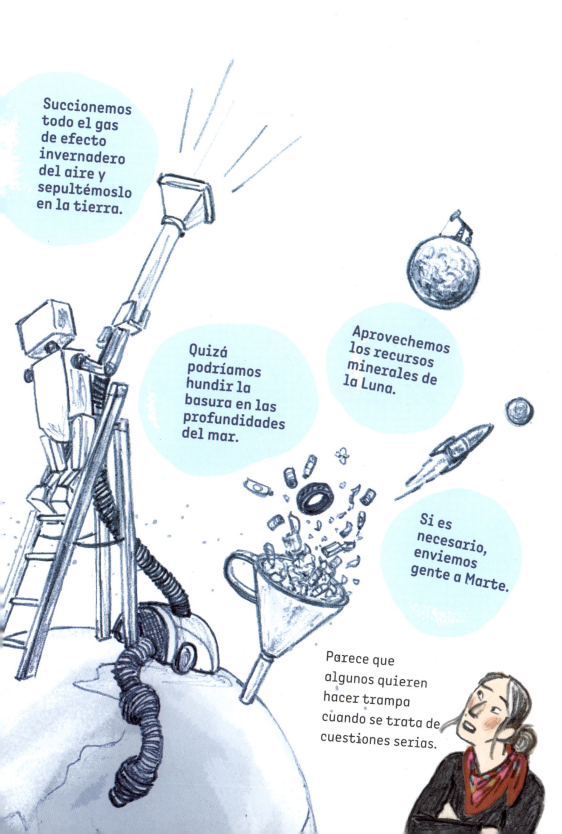

¿Es quizás para otros demasiado **esfuerzo**? No podemos hacer como si no pasara nada y continuar comportándonos como antes.

¡Eh! ¡No se vayan! ¡Son preguntas **que nos afectan a todos!** ¡Hay que buscar soluciones!

Yo creo que no debemos ignorar lo que está ocurriendo. ¡Este es nuestro mundo! Tenemos que reflexionar sobre ello.
- ¿Cómo queremos vivir?
- ¿Qué es realmente importante para nosotros?
- ¿De qué podemos prescindir?
- ¿Cómo debería ser nuestro mundo en el futuro?

¿Qué opináis vosotros?

Esta obra ha recibido una ayuda a la edición del Ministerio de Cultura y Deporte

Este libro es amigo del medioambiente. Se ha prescindido del plastificado y ha sido impreso con tintas exentas de aceites minerales en papel 100% reciclado.

Título del original alemán: *Das ist auch meine Welt. Wie können wir sie besser machen?*
Traducción de Núria Albesa Valdés
Texto e ilustraciones: Gerda Raidt
© 2021 Beltz & Gelberg in the publishing group Beltz – Weinheim Basel
© para España y el español: Lóguez Ediciones 2022
Todos los derechos reservados
ISBN: 978-84-123116-9-3
Depósito Legal: S 125-2022
Printed in Spain: Grafo, S.A.

www.loguezediciones.es

La autora agradece a Ada Partzsch, Annika Griewisch, Emil Witosławski, Maximilian Krehl, Nino Knapp, Theodor Göhlich, Rosa Raidt y Axel Raidt por los dibujos del futuro.

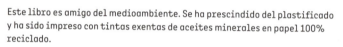